AF465607

Lk⁷ 1489

15 Septembre 1861.

DISCOURS

PRONONCÉ

Par M. Gendarme de Bévotte

INGÉNIEUR EN CHEF DES PONTS ET CHAUSSÉES
du département de Vaucluse

A la cérémonie de l'Inauguration

DU

CANAL DE CADENET.

APT,
IMPRIMERIE & LIBRAIRIE J.-S. JEAN, RUE SAINT-PIERRE, 37.
1861.

15 Septembre 1861.

DISCOURS

PRONONCÉ

Par M. Gendarme de Bévotte

INGÉNIEUR EN CHEF DES PONTS ET CHAUSSÉES
du département de Vaucluse

A la cérémonie de l'Inauguration

DU

CANAL DE CADENET.

Messieurs ,

En organisant l'intéressante solennité qui nous réunit aujourd'hui de divers points du département , le Comice agricole a bien voulu comprendre dans son programme l'inauguration du Canal de Cadenet. Il était, en effet, difficile de trouver pour cette inauguration une circonstance plus favorable , et surtout mieux en rapport avec la destination du Canal. Au milieu d'une fête consacrée à l'agriculture, tout à côté de la brillante

1861

exposition constatant ses progrès, au moment où vont se distribuer les encouragements, mérités aussi bien par de généreux dévouements et de persévérants efforts, que par les succès dûs au travail et à l'intelligence, il était tout naturel que nous eussions le désir de faire résonner à vos oreilles, ne fût-ce que pendant quelques instants, le bruit de cette eau que nous amenons sur vos terres pour augmenter leur fécondité : non que ce bruit puisse dominer le murmure imposant d'une nombreuse assistance animée par l'éclat de la fête, encore moins qu'il puisse détourner votre attention de ces fanfares joyeuses qui répondent à l'excitation de la foule, après l'avoir produite. Nous ne saurions élever nos prétentions aussi haut; nous désirons même que le Canal de Cadenet, une fois exécuté, fasse un peu moins de bruit qu'avant et pendant son exécution.

Permettez-moi de vous féliciter d'avance de ce qu'il en sera ainsi, vous tous pour qui le Canal a été créé. Toute votre ardeur s'épuisera alors dans le travail qui vous permettra d'en jouir; le seul but de vos préoccupations sera de vous préparer avec activité à user des nouveaux éléments qu'il apporte à vos cultures ; vous arriverez ainsi bien vite à profiter des avantages qu'il assure dans un avenir très-prochain; et les bénédictions du Ciel que les ferventes prières de notre vénéré Prélat vont appeler sur ses eaux, se répandront avec elles sur vos champs.

A qui faut-il attribuer le mérite d'avoir le premier indiqué la convenance et la possibilité du Canal de Cadenet ? Il est de ces idées dont l'origine appartient à tous, qui ont le privilège de se présenter à tous les esprits. Celle du Canal de Cadenet, j'ose l'affirmer, est de ce nombre : toutes les conditions résultant des formes du terrain, de sa nature, des cultures auxquelles il est spécialement propre, de l'exemple des faits accomplis à peu de distance, étaient ici réunis pour faire apparaître d'une manière, pour ainsi dire, spontanée, l'utilité d'un canal et la possibilité de son exécution. Mais, de ce que cette idée préexistait d'une manière générale et indéterminée, s'ensuit-il qu'elle aurait pu se réaliser, si elle n'avait été élaborée par un esprit actif, intelligent? non: il fallait encore que le germe, agité jusque là dans le vide, tombât sur un sol propre à le développer. Les inventeurs réels, les vrais créateurs dans l'ordre des choses humaines, ne sont pas ceux qui entrevoient les solutions sous la forme incertaine d'un vague désir ou d'une simple possibilité ; tout le monde, à ce prix, en fouillant dans ses rêves, aurait le droit de se dire créateur ; mais ce sont ceux qui présentent les solutions et les livrent tout acquises à la société.

Eh bien ! je crois pouvoir réclamer pour mon prédécesseur, M. Perrier, le mérite d'avoir donné un corps à ce qui n'était avant lui qu'une vague idée, d'avoir indiqué la solution du Canal de Cadenet. C'est lui qui est le vrai créateur de votre canal : gardez-lui bien toute la reconnaissance qu'il mérite pour une œuvre aussi utile ; et que vos archives municipales conservent à vos enfants l'heureux souvenir de son nom, associé aux sentiments des bienfaits dont ils lui seront redevables.

Je n'ai certainement pas besoin de vous rappeler que, dans tout ce qui se rattache aux études préparatoires de cette grande affaire, M. Perrier obtint le précieux concours d'un habile ingénieur, enfant de la contrée, M. Délestrac, que la droiture et l'élévation de son caractère, unies à une véritable science, recommandent à l'affection de tous ceux qui, comme moi, ont eu la bonne fortune de le connaître.

En vous parlant ainsi des hommes aux quels me rattachent des études puisées à une source commune et la similitude de travaux journaliers, il ne m'est pas possible d'oublier l'ardente initiative de celui qui, dominé par la conviction des avantages à répandre dans votre beau pays, avait dès longtemps préparé l'exécution du Canal de Cadenet, et qui ensuite a appliqué à la réalisation de sa pensée toutes les ressources de sa brûlante activité et de son fécond esprit. Vous le reconnaissez tous, sans que je le nomme, je me plais à lui rendre, et je réclame pour lui le témoignage auquel a droit tout citoyen qui, à travers des difficultés de diverse nature, arrive au terme de sa tâche, constamment soutenu par le sentiment du bien qu'il a mission d'accomplir.

Ce fut au commencement de 1849 que M. Boy, alors membre du Conseil général de Vaucluse, demanda pour les propriétaires de la plaine de Cadenet l'autorisation de se réunir, en vue de devenir acquéreurs du canal Janson et de le prolonger. L'immense domaine du grand seigneur, fatalement devenu industriel, venait d'être morcelé!

Les difficultés que rencontra auprès de leurs nouveaux propriétaires la vente du canal Janson, s'associant dans l'opinion des ingénieurs à celles que l'examen des lieux et une longue expérience avaient fait reconnaître au sujet de son alimentation, amenèrent à modifier la pensée première et à diriger les esprits vers un autre projet.

Celui-ci devait utiliser le canal des moulins de Pertuis dont la prise au *Fort de la Loubière*, semblable en cela à toutes les prises sur la Durance, offrait bien quelqu'incertitude, mais cependant était de beaucoup préférable à celle du canal Janson. Il y avait d'ailleurs, en se relevant ainsi, possibilité d'aller jusqu'au rocher *Res-*

quiant que l'on signalait comme n'ayant jamais cessé d'être battu par la rivière, et qui offrait, en toute éventualité, un excellent point d'attache.

D'après ces données fut étudié un nouveau tracé, dont les avantages, au point de vue de la garantie des irrigations, de la distribution des eaux, de l'entretien des ouvrages, et des résultats généraux de l'entreprise, apparurent d'une manière évidente. Il n'offrait que l'inconvénient d'une dépense un peu plus grande ; mais, si les possesseurs du canal Janson élevaient, outre mesure, leurs prétentions au-delà de ce que leurs intérêts bien entendu leur donnaient légitimement le droit de réclamer, et si ces prétentions satisfaites devaient entraîner un sacrifice hors de proportion avec les résultats, il n'y avait pas à hésiter. Après avoir vu repoussées comme nsuffisantes toutes les concessions compatibles avec les convenances et les intérêts de l'œuvre projetée, la la détermination fut, en effet, prise de construire un canal ayant son origine au Fort de la Loubière, en réservant ainsi la faculté, si les besoins l'exigeaient, de remonter plus tard jusqu'au rocher de Resquiant. Pour celà, le canal des moulins de Pertuis jusqu'au torrent de Lèze, incorporé dans le canal de Cadenet, devait être réparé, redressé et même agrandi de manière à débiter le volume d'eau nécessaire. A partir de Lèze, un nouveau canal était à ouvrir jusqu'à la limite inférieure du territoire de Puyvert.

L'instruction était dès-lors sérieusement engagée ; mais, comme d'un côté il s'agissait de faire accorder des éléments nombreux et souvent opposés, comme d'un autre côté il fallait régler la coneession d'eau à dériver de la Durance, comme enfin il était indispensable de résoudre l'importante question des voies et moyens, ce fut seulement le 18 novembre 1854 qu'un décret Impérial organisa toute l'affaire sur des bases définitives. Un grand pas était fait. On sortait du provisoire ; on entrait ainsi dans une phase nouvelle qui rapprochait de la solution.

C'est le 25 février 1858 qu'eut lieu la première adjudication, à la suite de laquelle les travaux ne tardèrent pas à être entrepris.

A cette époque, nous avions bien l'espérance qu'il serait encore possible d'utiliser une partie de l'ancien canal Janson, non pas celle située à l'origine, mais celle qui part de l'entrée de Villelaure, et à laquelle il eut été très facile de nous souder. Tout a été tenté dans ce but : les offres les plus larges faites aux propriétaires du canal, repoussées par eux ; les prétentions de ces propriétaires reconnues inacceptables, à cause des sacrifices qu'elles imposaient ; les mois, les années mêmes, s'écoulant ainsi dans des pourparlers infructueux, sans qu'on eût fait un seul pas en avant, sans qu'on pût entrevoir le terme des négociations ; les travaux avancés au point qu'il eût fallu les suspendre, si on avait voulu poursuivre un arrangement qui chaque jour semblait s'éloigner davantage; la légitime impatience des populations de voir l'œuvre promptement achevée ; telles sont les diverses circonstances qui ont fait définitivement renoncer à la seconde partie du canal Janson, comme on avait dès le début renoncé à la première. N'ayons à cet égard, Messieurs, aucun regret. Le désir d'utiliser le canal Janson était la conséquence d'une séduction, séduction toute naturelle, qui résultait de la pensée bien simple de donner la préférence à une chose faite sur une chose à faire ; mais l'examen dont cette question a été l'objet spécial, a démontré avec toute vérité que, par l'effet de plusieurs circonstances particulières, utiliser le canal Janson n'eût produit qu'une économie apparente et non réelle, qu'il eût été difficile de concilier dans l'origine les intérêts anciens et les nouveaux intérêts, et que de leur contact intime auraient infailliblement surgi avant peu des embarras, des difficultés, de longues contestations, des causes de dépenses nouvelles.

Avec quels éléments, avec que es ressources, le canal de Cadenet a-t-il pu s'exécuter? Avec les éléments, avec les ressources que produit l'association, cet instrument nouveau, imaginé par la société moderne.

Sans doute, les hommes, obéissant à leur nature, ont toujours cherché à s'associer, soit pour résister à leurs ennemis, ou le plus souvent encore pour s'attaquer les uns les autres, soit pour échapper, notamment dans l'enceinte des cloîtres, aux troubles ou aux entraînements du monde, soit pour se garantir mutuellement contre la misère et contre l'oppression; mais ni le besoin de la force, ni celui de la protection, ni enfin celui d'une réciproque assistance n'ont jamais rien produit qui ressemblât à ce qu'a déjà produit l'association moderne. Autrefois, c'était la faiblesse qui se rapprochait de la faiblesse, aujourd'hui ce sont des forces qui s'unissent, et qui, par leur condensation en une seule, multiplient leur puissance.

Comme presque toutes les grandes tentatives humaines, l'association moderne a eu ses tâtonnements, ses défaillances, ses insuccès; mais plus heureuse que bien d'autres, elle vient d'avoir ses retours, ses triomphes: c'est qu'en effet elle puise son principe dans notre destinée, et que son heure est venue.

Pouvait-elle d'ailleurs exister à une époque où les premiers éléments de l'économie publique étaient ignorés, où l'on prenait, pour ainsi dire, à rebours les lois sociales, ces grandes lois qui, bien que refoulées par les préjugés, doivent toujours finir par s'imposer. Voulez-vous que je vous cite, comme témoignage de cette ignorance, quelques faits que je puiserai tous dans l'ordre des choses agricoles? Le Parlement de Paris prononçait des condamnations sévères contre des fermiers qui avaient usé de la faulx pour moissonner, par le motif que cet instrument, en abrégeant le travail, et en diminuant les frais et les pertes de grains, portait préjudice aux pauvres. Le Conseil d'État rendait un arrêt portant que, vu le manque de bras pour la culture des terres, les manufactures de la Normandie resteraient fermées pendant l'été. Alors un propriétaire était condamné à donner aux pauvres l'énorme quantité de 600 septiers de blé et à payer une amende de 500 livres, pour avoir demandé de son blé 5 sols de plus que le cours du jour, tandis qu'en même temps, lors du fameux pacte de famine, on exerçait des poursuites sévères contre ceux qui vendaient au-dessous de la taxe. Croiriez-vous qu'on a puni de 1,000 livres d'amende des laboureurs pour n'avoir pas apporté leur blé au marché, tandis que presqu'à la même heure, on en punissait d'autres pour en avoir apporté!

Tous ces faits et mille autres du même genre, dans lesquels se révèlent les contradictions économiques les plus monstrueuses, vous pourriez croire que je les ai empruntés à l'histoire du moyen-âge, tant ils sont étranges, tant ils sont l'indice d'un état social arriéré. Eh bien! non. Ils ne remontent pas au delà du siècle dernier. Or il est évident que l'association ne pouvait naître à pareille époque. Il lui fallait pour cela la liberté dans les moyens de produire comme dans les transactions; et cette liberté ne pouvait elle-même naître que de la connaissance des lois qui président à la création de la richesse publique.

Voilà comment l'association, telle que nous l'entendons aujourd'hui, est un instrument nouveau.

Désormais guidée par une rapide expérience, à la fois disciplinée et protégée par des règles, elle a conquis sa place parmi les élémens essentiels de la vie des peuples ; elle règne sur le monde actuel d'une manière absolue ; mais elle le gouverne en souveraine bienfaisante qui accroît chaque jour, avec les fortunes individuelles, le bien-être général. Fille du progrès, elle engendrera à son tour le progrès, cette sublime condition de l'humanité, par laquelle Dieu se manifeste à nous d'une manière incessante et inévitable.

Je n'ai pas à vous rappeler ici les grandes choses que de nos jours a déjà produites l'association, sous les diverses formes auxquelles elle s'est prêtée. Pour le canal de Cadenet, c'est sous la forme syndicale qu'elle a permis d'arriver au résultat. De nombreux propriétaires ont fait une souscription pour une contenance totale d'environ 659 hectares, dans les trois communes de Villelaure, Cadenet et Puyvert, à raison de 400 francs par hectare, payables en huit annuités égales. La gestion des intérêts communs a été confiée à un certain nombre d'entr'eux ; les travavx ont été spécialement exécutés sous la direction des Ingénieurs des Ponts et Chaussées. Tout s'est accompli sous la surveillance et par la puissante action de M. le Préfet.

A vous, Souscripteurs, appartient ce canal, comme une propriété collective dont chacun a sa part en proportion des terres engagées dans l'association. Honneur à vous d'avoir eu confiance dans la réalisation de cet utile projet, et dans les résultats qu'il doit produire ! Honneur à vous d'avoir élevé ce monument à la prospérité de votre pays! Si vous avez eu à supporter quelques sacrifices, vous allez en recueillir largement les fruits. L'eau vous est donnée, alors cependant que vous n'avez encore acquitté que quatre annuités.

Un emprunt que la prudence prescrivait de ne contracter qu'au moment où l'entreprise serait assez avancée pour prédire avec certitude son heureuse fin, a permis, pour vous donner les eaux, de ne pas attendre l'expiration des quatre années qui restent à courir avant l'acquittement des huit rôles. Sans doute, quelques faibles intérêts, prévus d'ailleurs par vos engagemens, viendront ainsi augmenter en apparence vos sacrifices; mais du moment où vous jouirez des eaux, les produits que vous en retirerez dépasseront de beaucoup ces intérêts. Félicitez donc le syndicat de la mesure qu'il a su résolument prendre lorsqu'elle a été indiquée par la situation de l'affaire, et tout à la fois de la prudence dont il a fait preuve en attendant le moment opportun pour la prendre.

C'est qu'en effet, vous le savez bien, vos intérêts ne pouvaient être mieux confiés qu'à ce syndicat, dans lequel je ne rencontre que des noms choisis entre les plus recommandables de la contrée, et qui, par son intelligence comme par son dévouement, a justifié au plus haut degré la désignation dont il a été l'objet. Je suis heureux de lui adresser en présence de cette assemblée mes remercîments personnels pour les bonnes relations qu'il a entretenues avec les Ingénieurs, et pour le concours incessant qu'il leur a donné en vue de faciliter leur tâche. Qu'il me permette d'en reporter le mérite sur l'utilité de l'œuvre à laquelle il s'est consacré, sur son ardent désir de la mener à bonne fin, et sur le caractère bienveillant de chacun de ses membres.

Nous n'avons point ici, Messieurs, de travaux remarquables à offrir à votre attention, ni souterrains pour faire pénétrer les eaux au travers des montagnes, ni séries d'arcades supportées par d'élégants piliers pour les soutenir au-dessus des profondes vallées ; tout est simple, modeste, conçu avec la seule pensée d'obtenir à la fois la solidité et des formes correctes. Je n'ose pas dire que c'est là un mérite ; mais j'affirme que c'est un avantage, un très-grand avantage ; car, sans parler de ce qu'y gagnera l'avenir sous le rapport de l'entretien et de la conservation des ouvrages, la simplicité de toutes les parties du canal a eu pour heureuse conséquence sa construction économique.

Les charges, en effet, ne dépasseront pas les limites prévues. A la cotisation souscrite par hectare, il n'y aura pas de cotisation supplémentaire à ajouter. Je vous ai parlé des intérêts de l'emprunt contracté pour avancer le jour des arrosages, en vous disant qu'ils seraient plus que couverts par les produits de ces arrosages. Eh bien ! ces intérêts et ce qui est indispensable pour le service journalier de l'entretien et de l'alimentation seront les seules charges qui s'annexeront à la cotisation de 400 francs. Or ces charges, parfaitement prévues, résultent des conditions mêmes de la souscription.

En vous donnant cette assurance, je compte, il est vrai, comme on a toujours compté, sur une subvention de l'État auquel elle a été ardemment demandée. Si vous ne l'avez pas encore obtenue, croyez bien que les engagemens du trésor public en sont seuls la cause. Bien que je ne sois pas dans les secrets de l'administration, je crois pouvoir affirmer que vous l'obtiendrez : soyez à cet égard pleins d'espérance. On répète à chaque instant ce proverbe : *Aide-toi, le ciel t'aidera* ; vous vous êtes largement aidés, ne doutez pas que le

Gouvernement de l'Empereur, cette providence de notre belle France, ne vienne à votre aide.

Souscripteurs actuels, on a cherché à vous inspirer des craintes au sujet du volume des eaux réservées aux arrosages à l'amont des moulins de Cadenet. Repoussez-les comme n'ayant pas de fondement, et ne prêtez pas l'oreille à de vains propos dont l'origine est rarement désintéressée. Soyez-en bien assurés : vos intérêts ne sont compromis en aucune façon. Non-seulement il y a pour vous surabondance, au-delà de tous vos besoins ; mais encore vous pouvez ouvrir vos rangs à tous ceux qui n'ont pas encore souscrit. Il y a place pour eux comme pour vous, sans qu'aucun ait à souffrir. Un jour viendra, et j'espère qu'il n'est pas éloigné, où, l'exemple des uns ayant entraîné les autres, tous les propriétaires de la Plaine feront partie de l'association. Il n'y aura plus alors parmi vous d'autre rivalité que celle d'obtenir du canal les meilleurs résultats, d'autre pensée que celle d'utiliser toutes ses eaux, d'étendre à toutes les terres son action bienfaisante, et de profiter des heureuses conditions de votre magnifique territoire.

Quel plus beau pays en effet que celui-ci ? quelle contrée mieux placée pour retirer de l'irrigation tous les avantages qu'elle peut produire ? Voyez cette riche plaine s'étendant depuis le Fort de la Loubière jusqu'au delà de Puyvert comme un vaste tapis d'environ 25 kilomètres, formée de la terre la plus fertile arrachée aux flancs des Alpes, propre aux cultures de toute espèce, convenablement inclinée pour faciliter la distribution des eaux, abritée au nord par le massif du Luberon, ouverte au midi à l'action fécondante du soleil de Provence. Ne vous sentez-vous pas favorisés du ciel, lorsque vos regards embrassent cet admirable tableau, auquel rien ne manque, ni l'éclat des tons les plus variés ; ni les capricieux contours de ce majestueux torrent qui menace sans cesse ses rives, et qui est encore plus bienfaisant qu'il n'est redoutable; ni ces montagnes dont la silhouette irrégulière, mais puissamment découpée, constitue un encadrement plein d'élégance et de grandeur? Il y a dans ce tableau et le coloris de Ruisdaël, et l'abondante lumière de Claude le Lorrain et la grande ordonnance du Poussin. Il y a aussi, ce qu'il n'a jamais été donné à l'homme de reproduire, le mouvement qui anime tout, et que nous ne retrouvons que dans les grandes scènes présentées à notre admiration par la main de l'artiste éternel.

Vous avez le droit d'être fiers, heureux habitants de cette contrée; car à tous les bienfaits que vous a déjà si largement dispensés la Providence, vont se joindre pour vous les bienfaits de la civilisation. Aujourd'hui voici des eaux qui vont plus que doubler la valeur de vos champs, et faire croître en même temps celle de toutes vos autres propriétés, et qui, permettant des cultures plus multipliées et un travail plus fréquemment renouvelé, ne laisseront plus parmi vous place à l'indigence. Viendra ensuite, et avant peu, le chemin de fer dont le tracé, serpentant dans la vallée de la Durance, non-seulement vous reliera avec tous les centres de population de cette vallée, mais encore ouvrira à vos produits les marchés actifs des grandes cités, rattachera ainsi vos intérêts à ceux des localités les plus éloignées, multipliera votre existence en multipliant les éléments de votre activité, et vous confondra dans le mouvement général qui agite actuellement la grande famille humaine, qui de proche en proche s'étend à tous ses membres, et dont le résultat est marqué par l'accroissement de la richesse publique combiné avec celui du bien-être individuel.

Ce mouvement, cet accroissement de la richesse et du bien-être ne se manifestent toutefois d'une manière aussi éclatante que lorsqu'ils sont préparés et dirigés par un esprit élevé, ardent pour le véritable progrès, prévoyant à grande distance les choses utiles, cherchant et sachant trouver les moyens de les réaliser, habile à saisir et à réunir tous les éléments propres à conduire au but, ayant à la disposition de sa pensée une intelligence aussi active, aussi persévérante qu'elle est brillante et féconde. Cet esprit, c'est celui de notre Préfet qui a fait pour le canal de Cadenet tout ce qu'il était possible d'espérer de l'administrateur le plus expérimenté et le plus dévoué à son département.

Pourquoi faut-il que nous ne puissions jouir de sa présence? Témoin de ses ardents regrets de ne pouvoir être aujourd'hui au milieu de vous, j'ai reçu le triste mandat de vous en apporter la vive expression; et je ne peux m'empêcher de vous exprimer en même temps les miens de ce que nous serons ainsi privés d'entendre sa parole si éloquente, si pleine d'autorité et d'harmonie. Vous auriez appris avec quelle attention il a suivi la marche des travaux du canal, combien il est heureux de voir cette œuvre accomplie sous son administration. Mais que vos regrets soient adoucis, s'il est possible, par cette pensée: qu'absent ou présent, il a toujours ses regards fixés sur tout ce qui peut vous intéresser, qu'il s'associe à vos aspirations et à vos espérances dans ce qu'elles ont de légitime et de réalisable. Car, soyez en bien convaincus, en toute circonstance, et sous quelque forme qu'il se présente, le bien public est pour lui ce qu'est pour le pilote, pendant l'obscurité des nuits, l'étoile qui le dirige.

Cadenet, le 15 Septembre 1861.

L'Ingénieur en Chef de Vaucluse,

GENDARME DE BÉVOTTE.

Extrait du **MERCURE APTÉSIEN** *du* 22 *Septembre* 1861.

INAUGURATION

DU

CANAL DE LA DURANCE

à Cadenet

ET

CONCOURS AGRICOLE

DE L'ARRONDISSEMENT D'APT.

Notre bel arrondissement vient d'offrir à une immense population, accourue de presque tous les points du département, l'une de ces fêtes dont on garde longtemps le souvenir. L'heureuse idée de faire coïncider le Concours annuel agricole avec l'Inauguration du Canal a porté ses fruits, en attirant vers la riante plaine qui s'étend depuis Mérindol, Lourmarin, Lauris, Puyvert, etc. jusqu'à Villelaure et Pertuis, et daus les murs de la coquette et importante commune de Cadenet, tous ceux qui s'intéressent aux progrès de l'agriculture, c'est-à-dire du premier des arts, et tous ceux qui recherchent

BIBLIOTHÈQUE IMPÉRIALE EMPR.

les innocentes et agréables distractions que procure une solennité du genre de celle dont nous avons été témoin.

Préparée depuis longtemps par les soins d'une Commission composée d'hommes intelligents, combinés avec ceux qu'avait pris l'honorable et actif Président du Comice, annoncée à l'avance par les organes de la publicité, favorisée par une fraiche journée d'automne et surtout par la présence de presque tout ce que le département compte de personnages éminents dans tous les rangs de la hiérarchie religieuse, civile et administrative, auxquels étaient venues se grouper toutes les notabilités de l'arrondissement, la fête de Cadenet aura eu l'heureux privilège d'intéresser et de charmer tous ceux qui y ont pris part et qui à côté du programme rédigé par le Syndicat et par l'administration du Comice, ont vu avec plaisir s'ajouter les réjouissances offertes par la municipalité du lieu. Rien, en effet, n'a manqué pour attirer les étrangers et pour rendre attrayantes les trois journées consacrées à cette solennité. Le dimanche, c'est d'abord la religion, représentée par le premier pasteur du diocèse, dont le zèle s'étend à tout, qui a été appelée à présider à la pompe officielle en mêlant ses enseignements et ses bénédictions aux splendeurs de la nature, aux efforts persévérants du travail de l'homme et aux prodiges incessants de l'art ; le lundi, c'est la musique qui est venu offrir une de ces luttes où le trophée victorieux est longtemps disputé par d'habiles concurrents et où les compositions de nos grands maîtres exercent sur les masses leur gracieuse et salutaire influence ; puis le mardi, c'était un exercice noble qui, rappelant les jeux de la Grèce et de Rome, convie dans l'arène d'intrépides et fringants coursiers, montre leur agilité en même temps que l'adresse de leurs écuyers; qui intéresse les spectateurs par d'émouvantes évolutions et les acteurs par des primes d'un grand prix.—Or, tout celà ne constitue-t-il pas un ensemble satisfaisant et pouvait-on réunir plus d'éléments propres à captiver les habitants de nos villes et de nos campagnes ? — Aussi n'avons-nous pas été étonné en apprenant que plus de dix mille personnes se trouvaient réunies sur ce point où l'hospitalité la plus cordiale les attendait, où chaque maison avait reçu ses invités, où le pittoresque du site s'alliait au spectacle des fraîches toilettes , où enfin régnaient partout le mouvement et la joie.

Il fallait voir le beau coup-d'œil que présentait, dimanche matin, cette longue file d'équipages sillonnant la longue route qui de Cadenet s'avance vers Villelaure, pour arriver à la tente préparée pour la cérémonie religieuse, sur les bords du canal; cette foule de piétons s'acheminant vers cet endroit , ces groupes d'amis, ces essaims de jeunes filles aux costumes variés, bravant la poussière et le soleil, pour assister à la messe que Mgr l'Archevêque d'Avignon allait bientôt célébrer en plein air.— Vous vous seriez cru transporté sur les allées du Prado Marseillais, et ce spectacle, encadré dans un luxuriant paysage, a eu quelque chose d'imposant et d'imprévu. Tous les champs voisins regorgeaient de promeneurs et spectateurs; leur nombre s'était accru à l'entour de l'autel champêtre près duquel ont pris place les autorités et les dames. Des petites filles vêtues de blanc tenaient au bas des gradins, des corbeilles de fleurs et de fruits, comme prémices à offrir. Les salves des boîtes et la musique nous ont bientôt annoncé l'arrivée de notre vénéré Prélat. A sa descente de voiture, il a été reçu par MM. les commissaires des fêtes, et M. Boy, directeur du Syndicat, l'a harangué en termes délicats et choisis. Mgr lui a répondu avec ce tact parfait des convenances et cette facilité d'élocution que nous lui connaissons; puis M. Savornin, maire de la ville de Cadenet, l'a gracieusement complimenté et a reçu de lui une réponse pleine d'à-propos ; enfin, M. Bernard, curé-doyen du canton, a adressé à Sa Grandeur un discours fort bien tourné qui lui a valu également une réponse charmante et pleine de dignité. Le corps de musique de Cadenet s'est fait entendre et la messe a commencé au milieu de cette imposante et nombreuse réunion dans laquelle nous avons remarqué M. l'Ingénieur en chef du département, M. Millet, député de Vaucluse, M. le Comte de St-Aulaire, Sous-Préfet de l'arrondissement, M. le Comte de Châteauneuf-Randon, Sous-Préfet d'Orange, M. Christol, Ingénieur de l'arrondissement, des membres du Conseil général et du Conseil d'arrondissement, M. le Président du Comice agricole, M. le Substitut du Procureur Impérial, MM. les Juges de Paix de Cadenet et Bonnieux, plusieurs magistrats et membres du barreau, M. le Dr Camille Bernard, maire de la ville d'Apt, M. Seymard, Conseiller à la Cour d'Aix, M. Castion, Juge d'Instruction à Apt, M. Gisclard, ancien recteur de l'Université, M. Lançon, maire de Pertuis, tous ses collègues des villages voisins, M. le Receveur particulier, les Percepteurs des cantons d'Apt, de Pertuis, de Cadenet, etc., ainsi que les notables des environs et un grand nombre de dames qui, par parenthèse, représentaient largement la société Aptésienne. Mgr était assisté à l'autel par M. Martin, l'un de ses grands-vicaires et par M. le Curé-Archiprêtre d'Apt. Les jeunes choristes de la Congrégation des filles de Cadenet, dirigées ce jour là par M. l'abbé Bernard, aumônier du Lycée impérial d'Avignon, alternaient avec la musique militaire et elles ont droit à nos éloges pour l'exécution des morceaux qu'elles ont chantés.

La messe finie, Mgr l'Archevêque s'est tourné vers l'assemblée, et, dignement inspiré par la circonstance, il a prononcé un discours dans lequel après avoir adressé ses félicitations aux principales autorités, aux créateurs et ingénieurs du canal, aux membres du Syndicat et à leur chef, il a fait très-heureusement ressortir le caractère d'une cérémonie où la religion intervenait pour apprendre à l'homme que tout don parfait venait de Dieu, à qui nous devions reporter la richesse de nos moissons, l'abondance de nos récoltes, les bienfaits des eaux descendues du ciel pour arroser, féconder et embellir nos champs. L'éloquent pontife a vivement impressionné son auditoire par les ingénieuses considérations auxquelles il s'est livré avec une grande effusion de cœur, avec cette paternelle bonté qui est le fond de son caractère et surtout avec cette intelligence des vrais besoins du troupeau confié à sa sollicitude.

Le digne prélat et après lui les divers orateurs que nous avons entendus ont châleureusement exprimé les regrets qu'avait fait naître l'absence de M. le Préfet de Vaucluse à qui revenait la présidence de la fête, et qu'une indisposition avait empêché au dernier moment de s'y rendre.

Le cortège ecclésiastique et administratif s'est ensuite avancé sur les bords du Canal où les eaux sont heureusement arrivées au moment même où les prières de l'église étaient récitées par le clergé ; c'était un moment de saisissante émotion qui s'est traduite par le murmure approbateur de la foule, se mêlant au murmure des ondes amenées là de bien loin pour arroser le territoire de 4 communes et suivre, à travers la plaine, un parcours de 25 kilomètres.

Un peu avant cette imposante bénédiction des eaux, nous avons eu le bonheur d'entendre M. Gendarme de Bévotte, Ingénieur en chef du département, qui a prononcé un discours vraiment remarquable qui perdrait certainement à l'analyse que nous en ferions, mais que nous nous réjouissons d'avoir pu nous procurer et que nous publions plus loin. Nos lecteurs y trouveront, outre le charme et l'élégance du style, l'historique complet de la grande création du canal, qui depuis 1849 a été l'objet d'études compliquées, de projets débattus, de vives oppositions et qui a enfin triomphé de tous les obstacles, grâces à la persévérante activité de M. Boy, directeur du Syndicat, à l'impulsion féconde des habiles ingénieurs Perrier, Délestrac, Gendarme de Bévotte, non moins qu'au zèle et aux soins de l'Ingénieur ordinaire actuel, M. Christol, qui a été chargé de la rédaction et de l'exécution du projet définitif.

Nous savons aussi quelle part de mérite revient dans cette création au premier magistrat du département, à qui rien n'échappe de ce qui peut contribuer au bien être de nos populations, et nous n'oublierons pas non plus les sacrifices que l'esprit d'association a fait apporter à cette œuvre pleine d'avenir pour la contrée.

Il était près de deux heures lorsque plus de 160 convives, ayant à leur tête Mgr l'Archevêque, M. le Sous-Préfet, M. Millet, député, et les autorités, sont venus prendre place au Banquet préparé dans une salle verte par les trois restaurateurs du pays. Les excellents corps de musique de Cadenet et de Cucuron se sont fait entendre tour à tour et ont été vivement applaudis.

Au dessert, M. Délestrac, membre du Conseil général pour le canton et Président de la Commission, a pris la parole et a prononcé l'allocution suivante dont on a approuvé la parfaite convenance et l'heureux à-propos :

A Monseigneur l'Archevêque, à M. le Député, à M. l'Ingénieur en chef du département, à M. Boy, directeur du Syndicat du canal.

MESSIEURS,

Permettez-moi d'abord de regretter avec vous de ne pas voir présider cette fête par M. le Préfet dont la présence lui eut donné un si grand éclat et qu'une indisposition passagère retient loin de nous, bien malgré lui sans doute.

Au nom de la Commission chargée d'organiser cette fête, au nom du canton et de toutes les personnes qui s'intéressent à ces réunions si éminemment utiles pour exciter l'émulation des agriculteurs, pour propager les bonnes méthodes et les meilleures machines, et pour faire prospérer cet art qui, sous la puissante et énergique impulsion de l'Empereur, place notre patrie à la tête des nations dont elle est depuis si longtemps la reine par la civilisation et la gloire : Au nom de tous, je veux remercier les personnes qui ont le plus contribué à la construction du canal que nous inaugurons aujourd'hui.

J'offre nos remercîments à Monseigneur, dont la paternelle et inépuisable bonté ne nous a pas fait défaut et dont la présence donne à ce jour de réjouissance un caractère de grandeur qu'il eut vainement essayé d'atteindre.

J'offre nos remercîments à notre honorable Député, qui représente si dignement et avec tant de zèle et d'intelligence le département de Vaucluse au Corps Législatif et qui vient de sa personne étudier nos besoins et nos intérêts.

Je remercie également de l'honneur qu'il nous fait par sa présence, M. l'Ingénieur en chef, dont les talents et le zèle ont été d'un grand secours pour mener à bonne fin l'œuvre dont nous ressentirons bientôt les bienfaits.

Je remercie enfin, Messieurs, l'homme qui par son initiative hardie et son infatigable persévérance est le véritable auteur du canal, M. Boy, directeur du Syndicat, qui, malgré les entraves sans nombre qu'il a rencontrées, a doté notre canton d'une œuvre dont l'avenir démontrera la haute utilité et qui doit amener dans nos campagnes l'abondance et la fertilité, mère du bien-être et de l'indépendance.

Messieurs, avec vous tous, je bois à Monseigneur, je bois à ces Messieurs !

Après M. Délestrac, nous avons été charmés d'entendre notre honorable Député, et sa parole chaleureuse et éloquente a trouvé de l'écho dans tous les cœurs et sur toutes les lèvres pour répéter avec lui le cri français de *Vive l'Empereur* ! Nous le remercions de nous avoir permis de reproduire les nobles paroles que le cœur lui a dictées :

Messieurs,

« L'honneur de vous représenter au sein du premier Corps électif de l'Empire me vaut en ce moment la faveur de vous adresser la parole ; recevez donc, avant tout, l'expression de ma gratitude aussi profonde que légitime et croyez bien qu'heureux et fier des témoignages réitérés de votre confiance, je ne cesserai jamais de me montrer l'interprête fidèle et dévoué de vos besoins et de vos intérêts.

Au milieu des démonstrations sympathiques d'une double solennité, nous célébrons la fête de l'agriculture. Nous sommes réunis pour reconnaître et pour honorer ses travaux et les succès du passé et du présent, pour préparer et pour exciter les travaux et les succès de l'avenir.

Nous sommes venus des divers points de notre département et des départements voisins : Un prélat vénéré a daigné faire appel aux bénédictions du ciel ; des fonctionnaires éminents, vos premiers magistrats, une affluence aussi brillante que nombreuse, attestent, par leur présence, tout l'intérêt que leur inspire cette heureuse solennité.

C'est, Messieurs, que dans ces contrées privilégiées que la Providence semble se plaire à combler de ses dons, la fête de l'agriculture est véritablement la fête de tous; c'est que, nulle part, on ne comprend mieux que l'agriculture est la source la plus pure et la plus sûre de l'aisance et du bien-être des familles, comme elle est la base la plus vraie et la plus solide de la force et de la prospérité des nations.

Cette vérité que les hommes les plus illustres, les plus sages, les plus dignes d'être écoutés ont de tout temps proclamée, l'expérience la confirme chaque jour.

Aussi, dans le passé comme de nos jours, l'agriculture a constamment fixé l'attention et appelé les encouragements des pouvoirs bien inspirés, et nous ne devons pas être surpris de la sollicitude si éclairée qu'elle ne cesse d'inspirer à notre élu du 10 décembre, à notre Empereur bien-aimé.

Ces exemples que sa puissante initiative nous offre, sur les points les plus divers, de la mise en culture et de la fécondation des terrains qui semblaient condamnés à une éternelle stérilité; ces lois nombreuses faites pour faciliter, provoquer et multiplier les travaux et les améliorations du sol; ces concours qui, chaque année, se renouvellent sur la surface de l'Empire; ces voies rapides qui sillonnent la France et dont le bienfait vient d'être accordé à notre beau pays; ces chemins plus modestes et non moins utiles dont une pensée auguste vient de garantir le prompt achèvement; ces canaux destinés à accroître la fécondité de vos champs déjà si fertiles et pour lesquels, nous en avons la confiance, la munificence de l'État ne nous fera pas défaut; toutes ces œuvres qui assurent parmi nous le développement, au profit de tous, de la richesse publique, attestent combien notre Empereur a compris les besoins du pays et combien il s'est dévoué à leur donner satisfaction; elles nous autorisent aussi à proclamer que jamais souverain n'aura mieux mérité le titre de *protecteur de l'agriculture et d'ami du cultivateur.*

Vous seconderez, Messieurs, ces nobles et patriotiques tendances, et pour cela vous n'aurez qu'à suivre la voie où vous êtes depuis longtemps entrés.

Car si d'autres contrées réclament des enseignements, si les cultures et les productions s'y présentent insuffisantes ou inférieures, ce n'est pas à vous que cette appréciation peut s'appliquer; pour vous, le progrès est déjà fait; votre belle vallée peut être offerte comme le modèle de la mise en œuvre des meilleurs perfectionnements.

Il ne s'agit donc pour vous que d'utiliser les sources nouvelles qui arrivent à votre intelligence, à votre activité, à votre énergie.

Assurément vous les mettrez à profit, et tous, nous serons heureux d'applaudir à vos succès; et vos succès seront un encouragement et un bienfait pour tous; car tout est solidaire dans la grande famille française.

Heureuse de son gouvernement national et fort, la France verra ainsi s'accroître chaque jour sa prospérité à l'intérieur comme sa prépondérance à l'extérieur; ce sera le fruit de l'esprit de sagesse et de modération qui préside à ses destinées.

Sur le trône où l'ont porté nos libres suffrages, Napoléon III, législateur et soldat, vainqueur et pacificateur, suit glorieusement les traditions de *Charlemagne, de St-Louis et de Napoléon le Grand.*

Auprès de lui, l'Auguste compagne qu'il s'est donnée, notre bonne et gracieuse Impératrice, le Prince Impérial qui grandit pour être l'Empereur de nos enfants, sont des gages précieux de l'avenir que nous demandons à la Providence et que nous accordera la bonté de Dieu qui toujours protège la France!

Messieurs, je vous propose trois santés chéries;

A l'Empereur!
A l'Impératrice!
Au Prince Impérial! »

Les applaudissements ont répondu à ce *toast* si patriotique.

On s'est séparé ensuite pour se rendre à la distribution des primes et des récompenses décernées par le jury du Concours agricole aux nombreux exposants.

La cérémonie a eu lieu sous la Présidence de M. le Sous-Préfet d'Apt, en présence des autorités; elle a été ouverte par un très-bon et très-judicieux discours de M. d'Avon de Ste-Colombe, Président du Comice, et M. Richier, notaire à Lauris et membre du Conseil d'arrondissement, a présenté ensuite, sous une forme attrayante, le rapport sur les opérations multiples du jury.

Nous n'avons pas assez d'espace pour reproduire ici ce discours et ce rapport, mais l'un et l'autre seront insérés dans la prochaine livraison du *Bulletin agricole* où l'on rendra un compte détaillé de cette solennité, en faisant connaître le nom des lauréats. Nous nous bornerons à citer ceux qui ont obtenu les premiers prix d'honneur :

Le sieur Joseph Chabert, fermier, à Lourmarin, a obtenu *ex-æquo* avec Gardiol, fermier de M. Bernard, à Cadenet, la prime d'honneur (médaille en vermeil) pour la bonne tenue des fermes.

M. Lucas de Montigny, maire de Mirabeau, une médaille d'argent, pour reboisement et gazonnement des montagnes.

M. Troue, propriétaire, à Villelaure, une médaille d'argent, pour sa magnifique exposition d'animaux de la race bovine et une médaille de bronze pour celle de la race porcine.

M. Richier, notaire, à Lauris, une médaille de bronze pour l'introduction de la race bovine bretonne.

Le sieur Trouchet, fermier, aux Tourrettes, près Apt,

une médaille de bronze et 40 francs pour concours de charrues à défoncement.

On a beaucoup remarqué une charrue à double versoir, d'une combinaison très-ingénieuse et surtout très-utile pour les pentes; elle est due à M. Mounet, maréchal-ferrant à Apt.

Pour être narrateur fidèle, nous devons dire que l'exposition des produits a laissé beaucoup à désirer sous le rapport du nombre et sous le rapport de l'arrangement des diverses catégories; l'on a aussi à regretter l'incurie que les propriétaires ou fermiers du canton de Cadenet ont mise en cette circonstance qui leur offrait pourtant une belle occasion d'étaler les richesses de leur magnifique terroir. La ville d'Apt l'a emporté, et nous mentionnerons avec éloges le jardinier expérimenté de la *Grand-Terre*, Hippolyte Grégoire, qui a mérité la première médaille d'argent pour sa belle et abondante collection de fruits et de légumes, pour ses délicieux melons cantalous et d'Esclavonie et surtout pour ses succulentes pêches qui ont fait l'admiration des visiteurs.

Nous félicitons également l'intelligent importateur de l'industrie du soufre dans nos contrées, M. Lajarrige, qui a obtenu une médaille de bronze, pour les magnifiques produits de sa mine et de son usine. Le soufre, ce minerai si précieux aux arts industriels et à l'agriculture, se présentait à Cadenet pour la première fois sous toutes les formes, et chacun a pu augurer, par la grosseur du bloc exposé, la fécondité d'une carrière d'autant plus importante qu'elle est plus rare; c'est, on l'a dit avec vérité, la seule qui existe en France et c'est dans notre ville qu'elle va s'exploiter sur une vaste échelle.

Notre cité était encore représentée par deux compatriotes qui ont été médaillés ou mentionnés honorablement : M. Jules Méritan, pour un semoir ingénieusement perfectionné sur lequel nous reviendrons, et M. Clément Rippert, pour ses beaux lapins blancs Angora. (Nous n'avons pas la liste sous les yeux et s'il y a des omissions, elles seront réparées plus tard.)

Nous ne parlerons pas des Cafés-chantants et du bal. Ces accessoires obligés d'une fête ont donné à la ville de Cadenet une grande et bruyante animation.

Le feu d'artifice, préparé par Aulagne, de Monteux, a cloturé dignement la seconde journée. — Celle-ci a été consacrée à la musique et le Concours a mis en présence les musiciens du Thor, de Rognes et de Cucuron qui tous ont mérité des bravos, après que leurs confrères de Cadenet étaient venus les saluer de leurs joyeuses fanfares.

C'est à la musique du Thor qu'est échu le premier prix, et le second a été accordé à celle de Cucuron. Le jury a éprouvé le regret de ne pouvoir récompenser les efforts de la musique de Rognes qui n'est pas restée bien au-dessous de ses rivales.

Ce Concours a été des plus brillants, et la décision des juges compétents a été ratifiée par les applaudissements unanimes de la foule, électrisée, pour ainsi dire, par l'ensemble des exécutants du Thor.

Il nous resterait à parler maintenant des Courses de chevaux qui ont eu lieu le mardi; elles ont dépassé toutes les espérances et elles avaient attiré, dans les verdoyantes plaines de la Durance, un concours immense de population accourue des pays voisins. Malgré la précipitation avec laquelle ces courses avaient été organisées, le succès a été complet et il doit encourager, pour l'avenir, ceux qui ont eu cette heureuse initiative à l'occasion de ces splendides fêtes. Du reste, notre prochain numéro contiendra un compte-rendu détaillé du Concours musical et des Courses hippiques.

Bornons-nous, pour le moment, à signaler les noms des vainqueurs dans ces dernières : Ce sont les chevaux appartenant à MM. Parraud, de Bonnieux ; Clémens, maire de St-Saturnin ; Miélan, de Marseille ; Bonnet, banquier à L'Isle et Crouzet, de Beaucaire.

Ainsi, se sont cloturées ces fêtes qui n'avaient pas eu de précédents jusqu'à ce jour dans nos environs, mais qui, nous l'espérons, viendront se reproduire l'an prochain au chef-lieu de l'arrondissement avec encore plus d'éclat, à l'occasion du Concours départemental d'agriculture et de l'inauguration de la crypte de Sainte-Anne, double solennité qui s'organisera à l'avance sur les plus vastes proportions. A l'an prochain donc, notre tour !

J.-S. JEAN.

Apt, Imprimerie J.-S. Jean, rue St-Pierre, 33.

www.ingramcontent.com/pod-product-compliance
Ingram Content Group UK Ltd.
Pitfield, Milton Keynes, MK11 3LW, UK
UKHW012122240726
13965UKWH00005B/1903

9 782013 074575